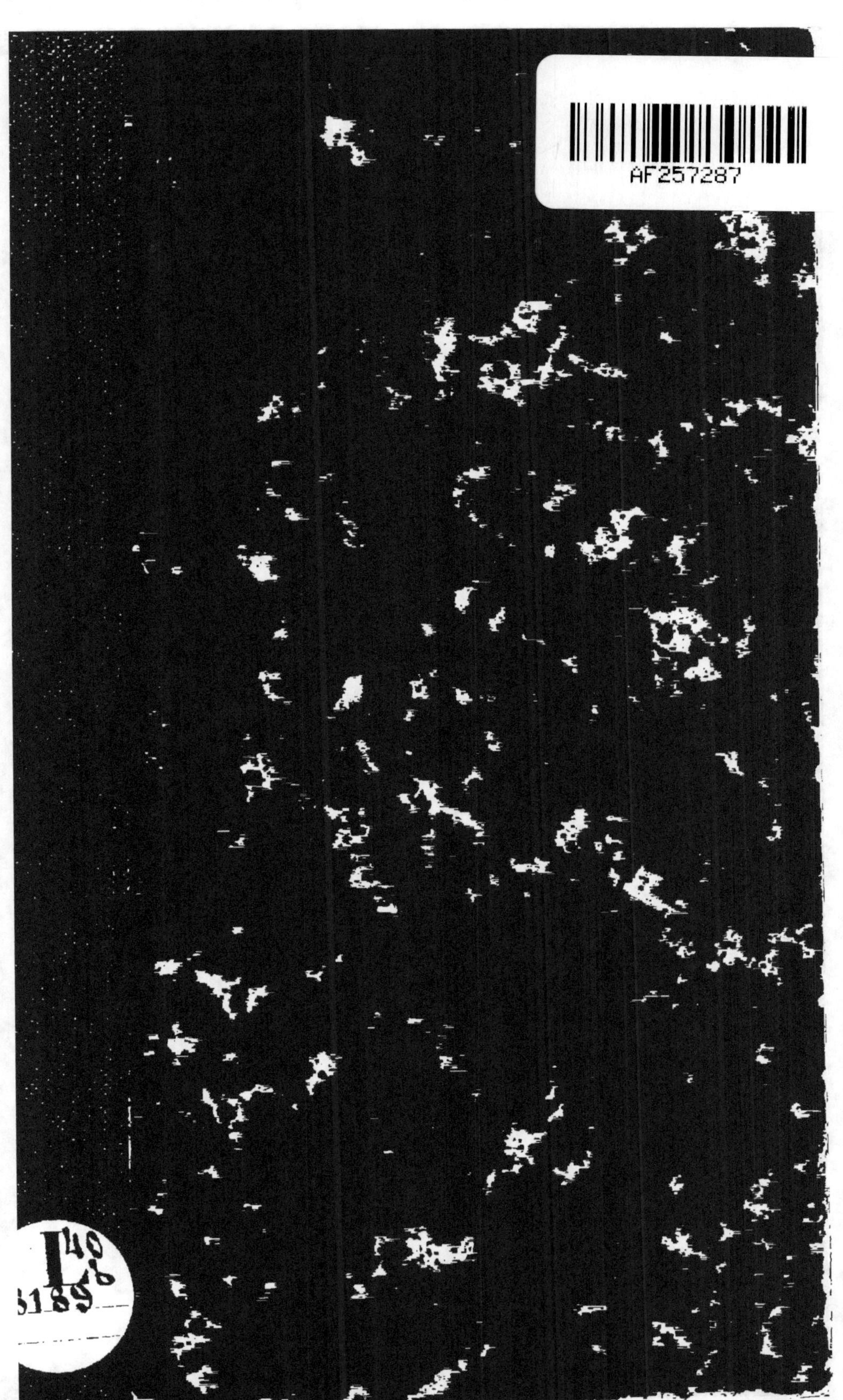

DISCOURS

IMPRIMÉ PAR ORDRE

DE LA

SOCIÉTÉ POPULAIRE

DES AMIS DE LA CONSTITUTION,

En réponse à l'Avertissement Pastoral de M. YVES-ALEXANDRE DE MARBEUF.

A LYON, De l'Imprimerie de LOUIS CUTTY,
Place et Maison de la Charité.

DISCOURS

PRONONCÉ le jeudi 17 Mars 1791 , et l'an second de la Liberté Françoise , dans la Séance publique du Comité Central des 31 Clubs de Lyon , par le Citoyen JEAN-BAPTISTE PÉRÈS , de l'Oratoire , Membre du Club , Section de rue Neuve.

Mes chers Concitoyens ,

J'AI demandé la parole pour vous entretenir un moment d'un Libelle qui a paru cette semaine , sous le titre d'*Avertissement pastoral de M. Yves Alexandre de Marbeuf ,* qui se dit Archevêque de Lyon et Primat des Guales.

L'Auteur de cette production aussi inepte qu'incendiaire , à la faveur d'un langage religieux qu'il affecte , et de quelques termes obscurs , dont nous ne sommes redevables qu'à la barbarie de l'école , cherche à remuer les consciences , à leur donner de fausses alarmes , à leur communiquer la rage dont il est animé , et à renouveller ces temps à jamais déplorables , où des Chrétiens , égarés par des

A

Pasteurs fanatiques ou ambitieux , croyoient gagner le Ciel , en s'égorgeant les uns les autres.

S'il est vrai cependant , chers Concitoyens , qu'on ne puisse accepter la nouvelle Constitution , sans *abjurer les dogmes de l'Eglise ;* s'il est vrai qu'on veuille nous enlever le dépôt sacré de la foi , comme le prétend M. de Marbeuf ; il a droit de nous avertir , il a droit de tonner contre les ravisseurs ; et je dis plus , s'il est notre Pasteur , il doit voler au milieu de nous , pour éloigner par sa voix , par sa présence , les loups qui cherchent à nous dévorer ; ou du moins pour avoir la consolation de ne pas survivre à la ruine de son troupeau, et de gagner ainsi la couronne du martyre. *Le bon Pasteur ,* dit Jesus-Christ , *donne sa vie pour ses brebis , mais le mercénaire prend la fuite.* Si donc M. de Marbeuf est un vrai Pasteur , s'il n'est pas un mercénaire qui fuit à l'aspect du danger , il s'acquittera d'un devoir que son ministere lui rend indispensable ; et c'est à cette marque que nous le reconnoîtrons.

Mais seroit-il vrai , chers Concitoyens , qu'on songeât à nous enlever la religion de nos peres ? Oh ! s'il est des hommes assez perfides , pour vouloir , sous le prétexte du bien public ,

(3)

porter un coup si fatal à l'Etat , regardez-les comme des traitres , comme des tyrans ,déguisés en patriotes , comme les plus grands ennemis de la société. Ils le sont , puisqu'ils veulent briser le lien le plus fort , le plus sacré qui puisse unir les hommes les uns avec les autres.

Eh ! que deviendrions-nous , sans religion , au milieu de cette chaîne de douleurs , de peines , d'infortunes , qui , comme un cercle , environnent de toutes parts notre mortalité.

Sans la religion que deviendroit le pauvre , sur-tout quand ses infirmités ne lui permettent plus de se présenter au-devant de nos pas , pour émouvoir la sensibilité de la nature , par l'aspect de sa misere ? que deviendroit-il alors ? — Enchaîné par la douleur dans sa triste demeure , pressé par des besoins de toute espece , déchiré par le sentiment du présent , et glacé par les craintes , les terreurs d'un avenir encore plus affreux , il ne lui resteroit de ressource que dans le désespoir , que dans ce fer qui ne pouvant rompre à cet infortuné un pain qu'il n'a plus ,pourroit au moins lui percer le sein.

C'est dans ces cruelles extrémités que la religion se présente d'un air compâtissant , mais serein : elle prend l'infortuné sous sa puissante protection ; elle attendrit en sa faveur les ames qu'elle anime , et la pitié , la charité qu'elle leur inspire , transforment ce séjour de larmes et d'indigence , en un séjour d'abondance et de joie.

Et si des soins de toute espece ne peuvent l'arracher au trépas , si la nature épuisée lui rend la mort inévitable , la religion change les horreurs du tombeau qui s'ouvre devant lui , en un lieu de repos ; elle le soutient , l'y fait descendre doucement , et y place à ses côtés , la certitude de sa résurrection et l'espérance d'une seconde vie , dont le bonheur et la durée n'auront d'autres bornes que l'immensité de Dieu et son éternité.

La religion est donc la derniere ressource , le dernier espoir de la vie humaine ; elle est notre bienfaitrice par excellence. Eh ! on voudroit la bannir de nos climats !

O mes chers Concitoyens , si nos yeux sont destinés à voir un événement si funeste , nos mains ne prendront-elles pas les armes pour défendre notre sainte religion ?

Non, mes chers Concitoyens , notre religion nous l'interdit elle-même. Le Dieu de la nouvelle alliance n'est pas le Dieu des armées , il est le Dieu de paix : et la religion fondée sur sa parole immuable , ne veut être défendue que par le glaive de la parole. —— Mais si malgré nos larmes, nos plaintes, nos réclamations, on l'exilé de la France, suivons-la dans son exil ; exilons-nous avec elle, de notre chere Patrie qui va devenir une terre maudite ; suivons notre sainte, notre aimable religion jusqu'aux dernieres bornes de l'univers. Elle seule nous tiendra lieu de tout. Au milieu des plus grands dangers, des plus terribles écueils ; telle qu'une mere tendre et toute puissante, elle nous portera dans ses bras jusques dans le sein de l'Eternel.

Mais est-il vrai, peuple François, qu'on veuille vous dépouiller d'un bien aussi précieux que la religion ? —— Non. Et ceux qui vous le disent sont des imposteurs, des hypocrites qui ne cherchent qu'à vous égarer.

Eh ! quel but en effet pourroit se proposer l'Assemblée Nationale en détruisant la religion ? Son grand but n'est-il pas de mettre une sage égalité entre les hommes ? Et la destruction de notre divin culte seroit-elle nécessaire pour établir cette égalité ? —— Oh ! si cette égalité étoit incompatible avec la religion, si la religion la proscrivoit, nous aurions peut-être quelque sujet de craindre qu'on ne proscrivît la religion. —— Mais que nous dit cette religion impartiale, sur la différence des conditions humaines ? Elle nous dit ce que la grande Assemblée Nationale ne cesse de nous dire. Elle nous dit que tous les hommes sont freres , que tous les hommes sont égaux , que le sceptre du Roi et la houlette du Berger se confondent à ses yeux.

Ouvrons , mes Freres , ouvrons nos saintes annales , et nous y verrons que le divin fondateur de notre religion , dédaignant les grandeurs du siecle , a choisi pour mere , non la femme de quelque puissant Monarque , mais celle d'un Artisan ; qu'il n'a voulu prendre pour ses premiers disciples que des gens du peuple , des gens qui ne vivoient que de pêche , et dont toutes les richesses consistoient dans une barque et des filets. —— Tels furent les prédécesseurs de M. de Marbeuf et de ses collegues dans l'Episcopat.

(Et après cela comment une distinction d'ordre , de rang , a-t-elle pu subsister , a-t-elle pu s'introduire parmi des Chrétiens ?)

Mais écoutez sur-tout attentivement , et méditez l'avertissement pastoral que S. Jacques , un des Apôtres de Jesus-Christ , donnoit aux Chrétiens de son temps , sur les différences qu'ils mettoient , dans leurs assemblées , entre les grands et les petits ; et vous serez pleinement convaincus que le vœu de la religion est d'établir une sage égalité entre les hommes.

Mes Freres, leur disoit ce saint Apôtre, *n'ayez point de respect humain pour la condition des personnes. Quand il entre dans votre assemblée un riche et un pauvre (le riche avec un anneau d'or, ou un habit magnifique, et le pauvre avec un méchant habit;) si, arrêtant votre vue sur celui qui est magnifiquement vêtu, vous lui dites, (en lui présentant une place honorable): Asseyez-vous ici ; et que vous disiez au pauvre : Tenez-vous là debout; n'est-ce pas mettre en vous-même une différence entre l'un et l'autre ? N'est-ce pas-là suivre des pensées injustes dans le jugement que vous en portez ? N'est-ce pas déshonorer le pauvre ? .... Si vous accomplissez, ajoutet-il, la loi royale : (vous aimerez votre prochain comme vous-même,) vous faites bien. Mais si vous avez égard à LA CONDITION des personnes, VOUS COMMETTEZ UN PÉCHÉ, ET VOUS ÊTES CONDAMNÉS PAR LA LOI, COMME EN ÉTANT LES VIOLATEURS. Réglez donc vos paroles et vos actions, comme devant être jugés par la Loi de la liberté* (*).

Est-ce là prêcher l'aristocratie, mes chers Concitoyens ?

(*) Epître de S. Jacques, chap. 2.

Tels sont pourtant les propres termes de la Sainte-Ecriture, que des guides intéressés à vous entretenir dans l'ignorance, vous ont scellée trop long-temps. Par-tout elle nous présente les hommes comme égaux, parce qu'ils ont une même origine, et qu'un même prix les a tous rachetés.

Rien n'est donc plus favorable à l'égalité et par conséquent *à la liberté*, que le code sacré des loix chrétiennes. Rien n'est plus opposé aux odieuses distinctions que l'aristocratie révendique. Donc s'il étoit des hommes qu'on pût soupçonner de vouloir l'anéantir, ou l'altérer, ce seroient les aristocrates. Ils ont intérêt à le faire, puisqu'ils y voient leur condamnation.

Mais pour nos augustes Représentans, ils sont à l'abri de tels soupçons, par l'intérêt même qu'ils ont à maintenir une religion, qui favorise si puissamment leur cause ; une religion qui, répandue dans toutes les contrées que le soleil éclaire, sera en tous lieux l'apologiste de l'Assemblée Nationale, comme l'Assemblée Nationale est ici la restauratrice de la religion.

Eh ! cette restauration si nécessaire, M. de Marbeuf la traite *d'entreprise digne de ses gémissements*, d'entreprise *qui porte atteinte à l'intégrité de la doctrine catholique.*

Imputation vague et calomnieuse.

Que M. de Marbeuf parcoure tous les points, toutes les vérités de cette doctrine sainte ; (ce sera vraisemblablement la premiere fois de sa vie); qu'il les parcoure et qu'il nous dise *clairement*, quelle est de ces vérités, celle que nos augustes Représentants ont altérée.

Toute la doctrine catholique se divise en deux grandes et uniques branches, qui sont *le dogme et la morale*. Tout ce qui n'est pas l'un ou l'autre ne peut appartenir à l'essence de la religion. Qu'on nous dise donc quelle atteinte nos Représentants ont porté au dogme, ou à la morale.

Nous voyons bien qu'ils ont déchargé les Ministres de la religion du poids de leurs richesses, d'un poids qui les courbant vers la terre, les empêchoit d'élever leurs mains au ciel pour le salut des hommes et la prospérité de l'Empire.

Nous voyons que nos Représentants ont tari ces sources impures, d'où couloient en torrent, les passions de toute espece, et tous les désordres qui ont inondé le Clergé.

Nous voyons que la simonie est frappée dans sa racine, que le Temple de Dieu ne sera plus une maison de trafic.

Mais nous ne voyons pas que le dogme ou la morale soient altérés.

Il est bien de foi que le Clergé doit être vertueux, mais il ne l'est pas qu'il doive être riche ; et puisque les richesses corrompoient évidemment sa vertu, nos augustes Représentans ont bien fait d'ôter au Clergé ses richesses. Ils auroient dû le faire, quand les besoins de l'État ne l'auroient point exigé ; ils l'auroient dû, parce que les besoins de l'Église le demandoient à grands cris. C'étoit le seul moyen de faire passer la religion, de l'état d'infirmité où elle gémissoit, à une heureuse convalescence. Ils l'ont fait ; ils sont donc les bienfaiteurs de la religion ; et le Clergé qui devroit être à leur égard les organes de sa reconnoissance, leur fait un crime d'une réforme que le ciel et la terre désiroient depuis long-temps, et qui en fera la joie.

Voilà, mes chers concitoyens, voilà la véritable cause de l'aversion du Clergé pour l'Assemblée Nationale ; mais en voici le prétexte, qui est l'objet sur lequel M. de Marbeuf appuie de tout son poids, dans l'Avertissement pastoral qu'il vient de nous donner.

Il prétend que la constitution civile du Clergé, décrétée par l'Assemblé Nationale et acceptée par le Roi, est hérétique ; et la principale ou même la seule raison qu'il en donne, est que les élections des Pasteurs de l'Église, ne doivent pas être faites par des Laïques.

Mais l'ancienne constitution étoit-elle sur ce point plus catholique que la nouvelle ? Ci-devant, n'étoit-ce pas le Roi, la Reine, les Seigneurs, les Dames de la Cour, souvent les valets et femmes de chambre, (tous laïques) qui donnoient les évêchés, les abbayes, les prieurés, etc. et l'Épiscopat qui n'a pas réclamé contre de tels abus, ose aujourd'hui faire entendre sa voix contre une constitution qui vient de les proscrire ? Quoi ! une constitution qui anéantit de si grands désordres, est, sur ce point même, hérétique ! Oui, mes chers Concitoyens, et je ne vois qu'un moyen de la rendre catholique, c'est de rétablir le Clergé dans tous ses biens.

Mais s'il est de foi que des laïques ne puissent choisir les ministres de la religion, nosseigneurs les Évêques, qui se donnoient si aisément la liberté de changer, de bouleverses les catéchismes, auroient bien dû y insérer cette vérité, qu'ils regardent aujourd'hui comme si importante ; et s'ils ne l'ont pas fait, ils répondront de notre ignorance et de toutes ses suites. Or, depuis un bout de l'univers chrétien jusqu'à l'autre, pas un catéchisme , graces à Dieu, ne renferme ce dogme prétendu.

Mais discutons un moment avec M. de Marbeuf la matiere des élections.

C'est un principe de droit canon, que *celui à qui tous doivent obéir, doit être choisi par tous.* Or, tous les fideles doivent obéir au pasteur, donc le pasteur doit être choisi par tous les fideles.

Et quand le droit canon se tairoit sur cet objet, le bon sens parleroit assez.

Il m'appartient de droit naturel de choisir celui à qui je dois donner ma confiance, qui doit être mon guide, à qui je dois découvrir mes pensées les plus secretes (*). Voudroit-on me donner un avocat, un conseiller, un ami, un médecin, malgré moi? (Or un pasteur est tout cela). *Vous ne voudriez pas*, dit à ce sujet un habile canoniste, *vous ne voudriez pas recevoir un médecin qu'on vous donneroit, malgré vous, pour vos chevaux.* Eh ! à combien plus forte raison,

----

(*) Quand on dépouilla le peuple du droit de nommer ses pasteurs, chacun fut autorisé à choisir son *guide particulier*; parce qu'il n'étoit pas obligé de mettre sa confiance en un pasteur qu'il n'avoit pas choisi lui-même. Mais, selon l'esprit de l'Église, le pasteur est le guide immédiat et unique de tous les fideles confiés à ses soins ; et c'est dans l'esprit de l'Église que je parle.

mes chers Concitoyens , êtes-vous donc auto-
risés à rejeter un médecin qu'on voudroit
donner malgré vous à votre ame.

En deux mots ; chacun a droit de choisir
son homme de confiance ; or , le pasteur
doit être l'homme de confiance de tout le
troupeau ; donc tout le troupeau a droit de
choisir son pasteur. C'est démontré.

Mais , repliquera M. de Marbeuf , l'Évêque étant établi sur le Clergé comme sur
le Peuple , le Clergé a au moins autant
de droit que le Peuple , de contribuer à l'élection de l'Évêque ; et en dépouillant le Clergé de
ce droit , on commet une injustice criante qui
frappe de nullité cette élection illégale.

Je présente l'objection dans toute sa force ,
mais voici la réponse.

Nous commençons par convenir que , si
le Clergé est exclu de toute influence dans
l'élection de l'Évêque , à qui il doit obéir ,
en qui il doit avoir confiance , comme le
Peuple , c'est une injustice manifeste , d'après
les principes du droit canonique et de la
raison. Mais cette exclusion , a-t-elle de la
réalité ? Vous allez en juger vous-mêmes.

Le Clergé est-il exclu de nos assemblées
primaires ? N'a - t - il pas droit d'y assister ,
et d'y contribuer au choix des Électeurs ?

On ne peut pas le nier. Hé bien ! les Électeurs sont donc les représentants du Clergé , autant que les représentans du Peuple ; et par conséquent le Clergé , comme le Peuple , est censé faire ce que font les Électeurs , parce que les représentants n'agissent qu'au nom , qu'à la place des représentés , et qu'on doit regarder comme représenté , quiconque a eu droit de suffrage dans l'élection des représentants.

Il est même un certain nombre d'Électeurs ecclésiastiques dans ce département ; et s'il n'y en a pas davantage dans celui-ci , ou dans les autres , il faut s'en prendre au Clergé lui-même qui n'a pas assez mérité la confiance publique par son intégrité et son patriotisme.

Mais M. de Marbeuf voudroit que le Clergé fût électeur immédiat et unique ; il prétend que tel est son droit ; et il appelle en preuve les Actes des Apôtres , les conciles de Nicée et de Constantinople.

D'abord , quant aux Actes des Apôtres , M. de Marbeuf nous cite l'exemple de l'élection de S. *Matthias* à la place de *Judas*.

Le cas est assez semblable , nous ne pouvons pas en disconvenir.

Mais cette élection de S. *Matthias* , par qui

fut-elle faite ? C'est-ce qu'il est question de sa-voir. Ouvrons donc les Actes des Apôtres , et nous y verrons (*ch. 1. v. 15.*) que les Electeurs furent au nombre de 120. Or , tout le monde sait qu'à cette époque, les Apôtres n'étoient que onze ; donc sur 120 Electeurs , il y en eut 109 qui n'étoient point Apôtres. C'étoit là tout le peuple chrétien de Jérusalem, sans en excepter même les femmes , qui eurent part à l'élec-tion , comme on le voit au verset quator-zieme du même chapitre. Et si M. de Mar-beuf dit le contraire , c'est qu'il n'a pas bien lu les vrais Actes des Apôtres. -- Eh ! pourquoi serions-nous obligés de croire qu'il ait été plus clairvoyant dans les canons des Conciles ?

Mais quand ces canons seroient tels qu'il le prétend , il ne s'ensuivroit rien contre la catholicité de notre Constitution. Il est évi-dent que ces canons ne peuvent être présentés que comme des regles de discipline ou de *police* ecclésiastique. Or , la discipline n'est pas comme le dogme. Elle n'est pas de l'essence de la religion. Elle n'est pas invariable ; car elle a beaucoup varié dans les différents siecles de l'Eglise ; et l'Eglise , malgré ces variations , a toujours été catholique.

Autrefois , par exemple , c'étoit un point de discipline , qu'on devoit déposer un Evêque qui s'étoit absenté de son diocese pendant plus de six mois. Le premier Concile de Constantinople l'avoit ainsi décidé. (Can. 16.) *Si un Evêque s'absente plus de six mois , le saint Concile ordonne qu'il soit déposé , et qu'on en mette un autre à sa place* (*).

Mais dans ces derniers siecles les abus ayant prévalu , le Concile général de Constance , forcé à être plus indulgent , a décrété qu'un Evêque n'encourroit la déposition que par une absence de deux ans. *Nous ordonnons,* disent les Peres de ce Concile écuménique , *qu'un Evêque qui aura été deux ans hors de son Diocese , soit privé de son siége* (**).

Ainsi d'après le premier Concile de Constantinople , M. de Marbeuf auroit mérité six fois d'être déposé , et d'après celui de Constance , il devoit l'être une bonne fois , comme il l'a été.

Ce n'est qu'en passant que je rappelle cet exemple de variation dans la discipline ; et sans peine , je pourrois en rappeller

______

(*) Qui in alio loco supra semestre tempus degit , statuit sancta Synodus ut à sacerdotio alienus omnino constituatur , et alius pro ipso promoveatur.

(**) Si (Episcopi) per biennium abfuerint , ipsis ecclesiis decernimus esse privandos. (Con. gén. Tom. XII. p. 1454 , can. 12.)

mille

mille autres. Mais M. de Marbeuf, je crois, m'en dispensera ; et peut-être même, m'auroit-il fait grace de celui que je viens de citer. Car, il suffit, d'avoir lu un volume de l'Histoire Ecclésiastique, pour être pleinement convaincu que la discipline est sujette à de grands changements.

Mais en est-il du point de discipline dont il s'agit particuliérement ici, (de celui qui concerne la nomination des Pasteurs) en est-il comme des autres? Ce point a-t-il subi des variations dans les différents siecles?

S'il ne l'a pas fait, du moins pouvoit-il le faire, sans nuire *à l'intégrité de la foi*. Car ce n'est qu'un point de discipline, émané de la même autorité que les autres ; et quant à son objet, il n'est pas plus sacré que celui que je viens de citer ; puisque dans l'un il s'agit de l'élection des Pasteurs, et dans l'autre de leur déposition. Ces deux objets ayant la même importance, on a droit d'en conclure que la discipline ne doit pas être plus invariable sur l'un que sur l'autre. D'où il suit que la discipline, sur la matiere des élections, peut aussi varier, et que par conséquent, ce ne peut-être là, matiere d'hérésie.

Car l'hérésie n'a jamais pu consister que dans l'altération de quelque point *invariable*,

B

appartenant au dogme ou à la morale ; de ces points qui font partie du dépôt sacré de la foi , que Jesus-Christ confia à son Eglise , pendant qu'il étoit sur la terre ; de ces points qui ne dépendent en rien de la volonté de l'Eglise , et auxquels elle ne pourroit elle-même porter atteinte , sans devenir elle-même hérétique.   -

Or , le point qui concerne la forme des élections , n'est pas de ce genre. Ce n'est (je le répete) qu'un point de discipline , variable comme les autres ; et par conséquent notre Constitution ne peut pas être hérétique , pour avoir changé la forme des élections.

Notre cause est donc gagnée ; et nous pourrions nous arrêter ici.

Mais allons plus loin , et voyons si notre Constitution ne seroit pas au moins *repréhensible* , pour avoir laissé au Peuple le choix de ses Pasteurs.

Quand elle le seroit , il ne faudroit pas pour cela l'anathématiser. Mais elle n'est pas même *repréhensible* , si elle n'a fait que rendre au Peuple des droits qu'il avoit primitivement.

Or , au commencement , mes chers Concitoyens , tous les Fideles réunis élisoient leurs Pasteurs. C'est attesté par les premiers monuments de l'Eglise. Et cet usage, si conforme au droit naturel, étoit encore en vigueur au septieme siecle, comme on le voit à toutes les pages de S. Grégoire le Grand. Il l'étoit encore dans le dixieme et même dans le onzieme. Car un Concile, tenu à Rome l'an 995, déclare nulle la promotion d'Etienne à l'Evêché du Puy, *parce qu'elle avoit été faite sans le concours du peuple ;* et un autre Concile, tenu à Rheims en 1049, faisant mention de cette Loi, l'applique, sans exception, à tous les Fonctionnaires Ecclésiastiques.

Mais quand l'ignorance et la barbarie des siecles suivants, auroient fait oublier une Loi si sage, une Loi si vénérable par l'antiquité et la presque-divinité de son origine ; quand même elle auroit été abrogée dans ces temps, qui, ayant donné naissance au monstre de la féodalité, avoient étouffé tous les droits de l'homme ; dans ces temps où la nature et la religion étoient également outragées ; eh ! que s'ensuivroit-il contre cette Loi, quand elle auroit été proscrite dans des temps si funestes ? Devroit-elle nous être moins chere ? Devroit-elle paroître moins précieuse à nos yeux ? Jugez-en vous-même, mes chers Concitoyens, et jugez du cas que nous devrions faire d'une loi nouvelle, qui, à la faveur des ténebres, répandues alors sur toute la face de l'univers, se seroit ingérée à la place de l'ancienne , et auroit arraché au Peuple le droit qu'il avoit eu pendant plus de mille ans , de nommer ses Pasteurs. Nous devrions faire de cette Loi *intruse* , le même cas que nous faisons des temps qui l'auroient vu naître ; de ces temps qui feront à jamais la honte del'es prit et du cœur humain.

Mais M. de Marbeuf fait remonter plus haut cette prétendue Loi , qui défend aux Laïques de s'ingérer dans le choix des Pasteurs. Il la trouve , dit-il , dans *le Concile* de Nicée et dans *celui* de Constantinople.

Mais que penseriez-vous , mes chers Concitoyens , d'un homme qui donneroit pour nouvelle que dans *le Club* de Lyon , un Oratorien a fait un Discours , en faveur de l'Avertissement pastoral de M. de Marbeuf ? La premiere idée qui se présenteroit à votre esprit , seroit que ce Nouvelliste ignore sans doute , qu'il y ait plusieurs Clubs dans cette Ville ; puisqu'il parle *du Club* de Lyon , sans dire quel , comme s'il n'y en avoit qu'un. Or, telle est la premiere bévue de M. de Marbeuf. Il nous cite *le Concile* de Nicée et *le Concile* de Constantinople. Il croit donc qu'il n'y ait eu qu'un Concile à Nicée , qu'un Concile à

Constantinople ? Cependant il y en a eu deux dans la premiere de ces Villes , et quatre dans la seconde. Une telle ignorance n'est gueres pardonnable à un *Primat des Gaules.* Mais pourquoi m'arrêter à ces petits reproches , quand j'en ai de si grands à lui faire.

Je savois bien , depuis long-temps , que M. de Marbeuf étoit entouré d'ignorants fanatiques ; mais je ne savois pas que des faussaires eussent sa confiance. Aujourd'hui la chose est évidente. Des Théologiens viennent de le prouver , et la preuve est sans replique. Oui , ces canons , cités par le Prélat avec ostentation , n'ont jamais existé que dans son Avertissement pastoral. Ils ont pris naissance dans l'imagination de ces hommes vils qui dirigent toute sa conduite.

Eh ! que penser d'une cause qui a de tels défenseurs , ou qu'on est réduit à défendre par de telles impostures ? Quel triomphe que le nôtre !

Mais quand ces canons seroient aussi vrais qu'ils sont faux , il ne s'ensuivroit rien contre notre Constitution. A ces canons , nous pourrions en opposer d'autres , qui ne recommandent rien tant que les élections libres et unanimes. Nous pourrions leur opposer le Concile de Chalcédoine , (Action 12.) celui

d'Auvergne , (Can. 2.) le Concile de Châ-
lons , (Can. 10.) le Synode de Paris ,
(Can. 10.) etc. etc. etc. Et si la citation de
M. de Marbeuf étoit aussi fidelle que là mienne,
il s'ensuivroit simplement que , sur l'article
des élections , il est des canons pour et contre,
et que la discipline , sur cet objet , a varié
depuis bien des siecles.

Mais parmi ces canons contradictoires ,
tous émanés de l'autorité de l'Eglise ,
nos augustes Représentants ne pouvoient-
ils pas choisir , pour premiere base de la
Constitution civile du Clergé , des canons
qui nous rapprochassent des usages primitifs ;
des canons qui rendissent au Peuple le droit
qu'il avoit autrefois , d'élire ses Pasteurs ?
— Eh ! sans doute , ils le pouvoient ; à moins
que les canons les plus modernes , les plus
injustes à l'égard du Peuple , les plus favo-
rables à l'ambitieuse intrigue du Clergé , ne
fussent plus obligatoires que les autres.——Mais
on sait bien que cela n'est pas. On sait bien
qu'au contraire les canons les plus anciens , les
plus justes , sont les plus sacrés ; qu'ils ont toujours été les plus chers à l'Eglise (*). Et comme

---

(*) Par ce mot d'*Eglise* j'entends , comme on doit l'entendre , la société des Fideles , tant Ecclésiastiques que
Laïques.

ce sont de tels *canons* qui servent de fondement à la Constitution actuelle du Clergé , cette Constitution est incontestablement *canonique*.

Eh! où sera donc *le mépris des Loix de l'Eglise ?* Où sera *l'atteinte portée à l'intégrité de la doctrine catholique ?* —— Je n'en vois, d'atteinte portée, que par M. de Marbeuf et les siens , sinon à la foi, du moins à la sincérité , à la droiture , à la vérité en matiere essentielle. —— Pour soutenir une cause désespérée, ils ont menti impudemment contre les saints Conciles, en leur attribuant des canons opposés à l'esprit de l'Eglise. Mais laissons – là ces canons controuvés ; laissons-les au milieu de ces ignorantes rapsodies , bien dignes des Auteurs de l'Avertissement pastoral ; et tenons-nous-en aux Actes des Apôtres.

D'après ce que nous y voyons pratiqué , c'est à tous les Chrétiens à choisir leurs Pasteurs (*). L'antiquité a suivi constamment cette institution ; et pour tout ce qui a rapport à la religion , la *vénérable* antiquité doit être

------

(*) D'abord chaque Fidele concourut *immédiatement* au choix de son Pasteur. Mais , dans la suite , quand le Peuple chrétien fut devenu plus nombreux , souvent pour faciliter les élections , on employa l'organe de quelques personnes *choisies*. (Voilà nos électeurs ;) et cette forme d'élection s'appelloit *compromis*.

notre regle. C'est dans cette source bénie qu'il faut aller puiser. Là les eaux sont bien plus pures, bien plus saines, qu'elles ne peuvent l'être, après avoir traversé le limon d'une longue suite de siecles corrompus. Et puisque c'est là que nos Législateurs ont puisé; puisque dans l'élection des Pasteurs, ils n'ont fait que rétablir l'usage de l'antiquité, qu'on rougisse donc d'avoir accusé notre sage Constitution, de porter atteinte au dépôt de la foi.

Si notre Constitution est *hétérodoxe*, elle l'est avec l'antiquité chrétienne ; elle l'est avec ces siecles heureux où un Prêtre étoit un *Ange* (*) ; où l'Episcopat faisoit, non la honte, comme aujourd'hui, mais le plus bel ornement de l'Eglise. Si avec ces temps, à jamais dignes de nos regrets, temps qui ont fait la gloire du nom Chrétien, notre Constitution s'égare dans les labyrinthes de l'erreur; aimons, mes chers Concitoyens, aimons à nous égarer avec elle. Heureuse erreur, si elle pouvoit rappeller les temps qui l'ont vu naître. Vivons, mes Freres, malgré les clameurs de l'Episcopat détrôné, vivons tranquilles dans cette erreur, où tous les Saints de l'antiquité chrétienne, où les Apôtres eux-mêmes, instruits

____

(*) Premiere Epître aux Corinth. Ch. 11. v. 10.

de toute vérité par leur divin Maître , ont vécu les premiers.

Mais que veut donc le Clergé ? Que prétend-il encore ? Quel est l'objet de ses plaintes ? Ne demande-t-il qu'une influence immédiate dans le choix des Ministres du culte ? Eh ! il ne l'a que trop cette influence.

Qui est-ce , mes chers Concitoyens , qui choisit parmi les Laïques des sujets pour les élever à la Cléricature et ensuite au Sacerdoce ? N'est-ce pas le Clergé ? Sommes-nous consultés dans ce choix, qui peut avoir pour nous de si grandes conséquences ? Non , en aucune maniere : c'est le Clergé et le Clergé seul qui le fait. C'est donc le Clergé qui , par ce choix et par l'Ordination qui le suit , déclare tels sujets dignes des fonctions sacerdotales et par conséquent pastorales : car Prêtre ou Pasteur est la même chose dans l'esprit de l'Eglise, et ce n'est que par un abus qu'elle réprouve, qu'il existe des Prêtres sans troupeau. Il est donc vrai que le Clergé fait le premier choix, en élevant au Sacerdoce les sujets qu'il agrée. Par-là, il désigne les éligibles aux places de Pasteur; et ce n'est que parmi ceux que le Clergé a ainsi désignés que nos Electeurs peuvent faire leur choix. Comment donc révendique-t-il un prétendu droit de présentation aux places de Curé ou d'Évêque ? Comment ne voit-il pas qu'on lui donne encore davantage ? C'est le Clergé, comme nous venons de le remarquer, qui choisit les éligibles, et cela seul est une vraie présentation. C'est le Clergé qui les colloque dans telle ou telle place par la voix de nos Electeurs, qui sont ses Représentants aussi-bien que les nôtres. C'est le Clergé qui confirme l'élection, en donnant l'institution canonique. Eh ! que veut-il encore, le Clergé, à moins qu'il ne veuille tout ?

O mes chers Concitoyens ! si, pendant qu'on respecte les Loix dans la pratique, on peut s'ériger en censeur de ces mêmes Loix dans la théorie, je dirai que l'Assemblée Nationale auroit dû nous permettre, selon l'usage des premiers temps, de choisir nos Pasteurs parmi les Laïques mêmes. Saint Ambroise n'étoit que laïque quand tout le Peuple de Milan le choisit pour son Evêque (*).

Tels sont nos droits : on nous en frustre, on nous en dépouille à l'avantage du Clergé, et le Clergé se plaint encore ! Il gémit sur la nouvelle Constitution, il regrette l'ancienne !

____

(1) *Note de l'éditeur.* S. Ambroise n'étoit pas même baptisé, quand les Catholiques et *les Ariens* réunis, le proclamerent Evêque ; et en conséquence de cette élection, il fut baptisé et ordonné par le Clergé.

L'ancienne !..... Grand Dieu ! Eh ! quel est donc , dans l'ancienne Constitution , l'objet de ses regrets ? Est - ce , la régularité , la canonicité des élections ? Faut - il donc lui rappeller sans cesse , au grand scandale du ciel et de la terre , que tous les grands bénéfices , et souvent les petits , étoient le prix des sacrifices de tout genre , qu'il falloit faire à ces femmes voraces et impudentes , qui , dans la Cour des Rois *de France et de Navarre*, trafiquoient du sacré comme du profane ? Grand Dieu ! on détruit l'abomination de la désolation dans le Lieu Saint , et le Clergé gémit de cette destruction ! On a renversé ces idoles immondes , devant lesquelles l'ambitieux alloit se prosterner , offrant son or avec son encens , pour acquérir le droit de porter la main à l'encensoir sacré ; on les a renversées : et le Clergé se lamente ! — C'est à vous , grand Dieu qu'en appartient la vengeance ; et c'est à nous , avec son secours , mes chers Concitoyens , qu'il appartient de maintenir à tout prix , notre sage Constitution.

Mais si cette Constitution est hérétique , comme le prétend M. de Marbeuf ; si la cause de l'Épiscopat est celle de la vérité et de la justice , quelle idée pouvons-nous avoir de l'Évêque de Rome ? Quoi ! la religion est ōutragée en France, les ci-devant Évêques ; ces héroïques défenseurs de la vérité gémissent dans l'oppression ; l'erreur triomphe ; tout périt sous ses coups ; le Pape le voit ; on le consulte ; on ne cesse de le solliciter de dire son avis sur notre constitution, et le Pape ne répond rien ! Quoi ! les vrais pasteurs sont dispersés, le troupeau de J. C. est en proie à des loups dévorants ! et ce sentinelle en Israël, au lieu d'élever sa voix, avec un zele semblable à celui de M. de Marbeuf, garde un coupable silence. Ce n'est donc qu'un *chien muet* (*), selon l'expression

------

(1) C'est ainsi que le Prophete Isaïe (c. 56. v. 10 et 11.) traite les pasteurs qui se taisent, quand les devoirs de leur ministere leur commandent de parler. *Canes muti nescientes latrare.*

Depuis que ce Discours a été prononcé, *enfin* il nous est venu de Rome, un Bref assez conforme, dit-on, aux désir de ceux qui l'avoient si long-temps, et si ardemment sollicité.

Mais, quand le *Saint Pere*, intéressé à condamner notre Constitution, la condamneroit effectivement, elle n'en seroit pas plus mauvaise, et nous ne devrions pas être moins zélés pour sa défense. Le Pape *Honorius* I. condamna bien la doctrine de l'Eglise, dans les affaires du Monothélisme ; et tout ce qu'il en résulta, fut qu'*Honorius* devint hérétique, déclaré tel et anathématisé par le sixieme concile général, tenu à Constantinople. Ce qui prouve en passant que les Papes sont très-faillibles, même

de l'écriture. L'Épiscopat se joue donc de notre crédulité ou de notre ignorance , quand il veut nous faire regarder le Pape comme un oracle , comme le centre et le protecteur de la vérité.

Mais pour justifier le silence du *Saint Pere*, peut-être dira-t-on que les erreurs de la Constitution Françoise ne lui sont pas encore manifestes. Si cela est , il faut que son intelligence soit bien tardive. M. de Marbeuf est donc plus clairvoyant que lui , puisqu'il prononce , qu'il assure ce que le Saint Pere n'a pas encore compris, que notre Constitution est hérétique. Si le discernement du Pape est moindre que celui de M. de Marbeuf, M. de Marbeuf a tort de consulter le Pape , et on a plus grand tort encore de nous le donner pour le flambeau du monde chrétien , de vouloir que nous nous en rapportions à son jugement sur l'orthodoxie de notre Constitution. Eh ! comment ne voit-on pas que tout cela tend à déshonorer le Pape , en lui attribuant la plus étrange , la plus criminelle lâcheté , ou une stupidité encore plus inconcevable !

Mais ne prenons pas le change , mes chers

---

en matiere de religion ; et ils le seroient encore , à plus forte raison , dans les matieres civiles, qui ne les regardent en aucune maniere.

Concitoyens ; ne croyons pas que le Clergé ait consulté le Pape. Il est vrai qu'il lui a écrit, et qu'il ne cesse de lui écrire ; mais le but de toutes ces dépêches multipliées , n'est pas de savoir du *Saint Pere* , si notre Constitution est bonne ou mauvaise , c'est de lui en demander la condamnation. C'est cette condamnation tant désirée,que le Clergé poursuit avec l'ardeur que toutes les passions, combinées peuvent inspirer , et malgré ses vives et continuelles sollicitations , malgré l'intérêt que le Pape lui-même auroit à condamner une Constitution qui lui ôte tant de belles prérogatives qu'il avoit en France ; malgré tous ces motifs, le Pape se tait : donc qu'il touve notre Constitution bonne ; orthodoxe, irrépréhensible.

Que le haut Clergé,que ces grandeurs déchues cessent donc de provoquer une réponse ; elle ne sauroit être plus expressive que ce silence.

Mais comment pourroit-on présumer, dira M. de Marbeuf , que ce silence fût une approbation d'une loi qui associe aux électeurs des Ministres de notre religion , des hérétiques et des infideles ? Comment le souverain Pontife pourroit-il approuver de telles élections ?

Comment , mes chers Freres ? De la même maniere qu'il approuve tous les jours les élections faites par le Roi de Prusse et les Etats de Hollande. Ces deux puissances ont sous leur domination des Eglises Catholiques, et ces deux puissances, quoique protestantes, nomment les Evêques qui doivent gouverner ces églises ; le Pape leur donne l'institution canonique ; et par-là même, il approuve l'élection.

Mais peut-on mettre quelque parité entre ces électeurs et les nôtres ? Nos électeurs sont-ils tous protestants ? — Il s'en faut bien ; car à peine sur cent, pourroit-on en trouver un qui ne fût pas catholique. Or, un si petit nombre, quelle influence pourroit-il avoir dans le choix des Ministres de notre religion ? Et quand il seroit plus grand, ce nombre d'électeurs non catholiques, qu'aurions-nous à craindre ? qu'ils ne nommassent un Evêque Protestant ou Juif ? Mais peut-on choisir les Evêques ailleurs que parmi des Prêtres qui ont exercé, pendant 15 ans, les fonctions pastorales ? Et 15 années dans l'exercice de ces fonctions ne seroient-elles pas suffisantes pour faire preuve de catholicité ? — J'en dirai autant à proportion du choix des Curés ; et il restera incontestable que nous n'aurions rien à craindre des Electeurs non catholiques, quand leur nombre seroit bien plus considérable qu'il ne l'est. Et d'ailleurs, des Protestants, des Juifs même, qui par leur probité ont réuni, pour les places d'Electeurs, les suffrages de leurs Concitoyens catholiques, ne valent-ils pas bien ces femmes sans religion, comme sans mœurs, qui sous le vieux régime, distribuoient à leurs adulateurs ou au plus offrant, nos dignités les plus sacrées? Et convient-il à des hommes, pour la plûpart *couronnés de la thiare* par des mains aussi profanes, de réclamer contre la forme actuelle de nos élections?

Mais quand cette forme d'élection seroit légitime, répliquera M. de Marbeuf, du moins ne peut-on pas placer un autre Evêque sur mon siége, pendant que je l'occupe encore.

Vous occupez donc le siége épiscopal de Lyon, Monsieur de Marbeuf? Eh! comment pouvez-vous l'occuper, sans vous y être jamais assis? Savez-vous, Monsieur, que, comme vous n'avez jamais fait un acte d'apparition dans cette église, il est d'habiles gens qui pensent qu'il n'y eut jamais entre elle et vous une véritable union? Sans doute l'abbé *Hémey* et son collegue *Bonnaud* ne manqueront pas de vous dire le contraire et de prononcer, sans hésiter, que cette union est incontestable, que vous êtes le véritable époux de l'église de Lyon.

Lyon. Mais permettez-moi , Monsieur ; d'analyser un peu ce prétendu mariage.

Quand vous quittâtes l'église d'Autun , votre premiere épouse , que vous ne trouviez pas assez riche, vîntes-vous en personne épouser l'église de Lyon ? —— Non. —— Mais un émissaire de votre part se rendit ici , pour en prendre possession , ou l'épouser en votre nom. —— C'est donc par *procureur* que vous l'avez épousée. —— Mais qui est-ce qui ignore dans le monde , que les mariages par procureur sont nuls, à moins qu'on ne les ratifie en personne ?

Tel fut le mariage d'Anne de Bretagne ; avec Maximilien d'Autriche. Ce mariage fait par l'intermede d'un tiers , n'empêcha pas que cette *pieuse* princesse n'épousât, (du vivant de Maximilien qu'elle n'avoit jamais vu ,) notre Roi Charles VIII , qui lui convenoit davantage ; et jamais Pape , ni Evêque ne l'en a blâmée. Or , à cet exemple je pourrois en ajouter bien d'autres , si cela étoit nécessaire ; mais personne , que je sache , n'a jamais révoqué en doute la nullité absolue des mariages par procureur. Or , tel est celui que vous avez contracté avec l'église de Lyon : —— et comme vous n'êtes pas venu le ratifier en personne , il est au moins fort douteux que vous ayez jamais été son époux ou notre Evêque.

Mais quand vous l'auriez été réellement, que s'ensuivroit-il ? Que nous devons continuer à vous reconnoître pour tel ? Oh ! non, certes.

Il est inouï que l'Eglise ait jamais forcé un peuple à garder un pasteur qu'il ne vouloit plus : et on voit aisément la raison de cette condescendance de l'Eglise pour le peuple ; c'est qu'il est bien difficile de mettre sa confiance en un pasteur qu'on ne garde que forcément, et qu'il n'est rien de plus funeste, rien de plus terrible aux yeux de la Foi, que ce défaut de confiance. Cela seul peut causer la perte de plusieurs milliers d'ames. Ainsi, quand un pasteur auroit d'ailleurs toutes les qualités qui manquent à M. de Marbeuf, toutes les qualités nécessaires à sa place, s'il n'a pas la confiance du troupeau, il doit être déposé ; c'est dans l'esprit de la religion.

Car, le grand objet de notre sainte religion, son unique *fin*, est le salut des hommes, et le ministere pastoral n'est qu'un *moyen* pour nous conduire à cette *fin* si désirable. Le vœu de la religion est qu'on sacrifie tout à cette *fin* ; elle veut donc qu'on

éloigne tous les obstacles qui peuvent empê-
cher le ministere pastoral d'avoir toute son
efficacité. Or, ce ministere, dans les mains
d'un pasteur qui n'a pas la confiance de
son troupeau, cesse d'être un *moyen* de
salut, et se change souvent en obstacle.
Donc, le vœu de la religion est qu'on
dépose un tel ministre, pour en mettre à
sa place un autre qui sache mieux mériter
cette confiance ; et s'il s'obstine à retenir son
ministere, c'est une preuve que, par un
renversement de tout ordre et de tout principe, il veut être pasteur pour son propre
avantage, et non pour celui du troupeau.
Or, cette disposition perverse augmente la
nécessité de le déposer.

Et à cette raison, qui mérite d'être pesée
et appliquée à son objet, j'en ajouterai une
derniere.

Mais je conseille au *Primat des Gaules*,
d'appeller à lui ses plus habiles raisonneurs,
pour qu'ils l'aident à parer le coup que je vais
lui porter, car l'argument me paroît un peu fort.

Le voici.

Ou le diocese de Lyon a contracté avec
M. de Marbeuf, ou il n'a pas contracté.

S'il n'a pas contracté, M. de Marbeuf n'est
rien dans ce diocese.

S'il a contracté, reste à savoir quelle est la validité du contrat.

Comment la chose s'est-elle faite ?

M. de Marbeuf a envoyé un homme fondé de procuration, et le contrat s'est passé dans la Cathédrale, pardevant notaire.

Mais pour que le peuple ait contracté, il faut qu'il ait été présent, ou représenté, à la passation du contrat.

Et comme il n'y fut pas présent, je demande quels furent donc les fondés de procuration du peuple Lyonnois, chargés de contracter en son nom, avec M. de Marbeuf.

Cette question seule pourroit embarrasser assez *sa Grandeur* et *ses Grands-Vicaires.*

Mais passons outre, et accordons, ce qui ne fut jamais prouvé, que le contrat passé entre M. de Marbeuf et l'Église de Lyon étoit en bonne et due forme, et revêtu de toutes les conditions requises. Hé bien ! que s'ensuit-il ?

Ecoutez-le tous, mes chers Concitoyens : il s'ensuit que les engagements que nous avions contractés avec M. de Marbeuf étoient *indissolubles*, comme ceux qu'il avoit contractés avec nous ; mais pas davantage. Car dans tout contrat les obligations sont réciproques. Nous n'étions pas plus obligés à son égard, qu'il l'étoit au nôtre ; s'il pouvoit nous quitter pour prendre un autre troupeau , nous pouvions le quitter pour prendre un autre pasteur. Or , il pouvoit bien abandonner l'Église de Lyon , comme précédemment celle d'Autun , s'il avoit trouvé encore plus grande fortune à faire ailleurs. Donc nous pouvions agir à son égard , comme nous venons de le faire ; cesser de le regarder comme notre Evêque et en prendre un autre. Sans cela , je le répete , les obligations n'auroient pas été réciproques , nous lui aurions dû plus qu'il ne nous devoit ; ce qui seroit absurde. Le lien qui nous unissoit à lui ne pouvoit pas être moins fort de son côté et plus du nôtre ; nous pouvions donc le rompre , puisqu'il le pouvoit : et nous l'avons rompu , graces à Dieu.

A la place d'un soi-disant Evêque , qui n'en avoit que le nom et les revenus , d'un Evêque odieux à son troupeau , et par conséquent incapable , pour cette raison et mille autres , de produire dans ce diocese d'autres fruits , que des fruits de mort , NOUS AVONS UN ÉVÊQUE ÉLU , COMME LE FURENT AUTREFOIS LES ATHA-

NASE (1), LÉS AMBROISE (2), LES CHRY-
SOSTOME (3), LES AUGUSTIN (4), ET TOUS
CES ÉVÊQUES DE L'ANTIQUITÉ, QUI ONT
FAIT L'ADMIRATION, L'ÉTONNEMENT DES
SIECLES, PAR LEURS VERTUS ET LEURS
LUMIERES.

NOUS AVONS UN ÉVÊQUE, QUI VIVANT
AU MILIEU DE NOUS, COMME UN TENDRE
PERE AU MILIEU DE SES ENFANTS, SERA
NOTRE CONSOLATEUR DANS NOS PEINES,
NOTRE ORACLE DANS NOS DOUTES, NOTRE
MÉDIATEUR DANS NOS DIVISIONS, LE PRO-
TECTEUR DES FOIBLES, L'ASYLE DU PAU-
VRE ET DE L'ORPHELIN, NOTRE AVOCAT
AUPRÈS DE DIEU, ENFIN, LA GRANDE
RESSOURCE DE CE DIOCESE, ET LE CENTRE
DE TOUTES NOS AFFECTIONS.

Eh ! M. de Marbeuf, nous enviant ce
bonheur, dont nous sommes sur le point
de jouir, nous annonce qu'il viendra le
troubler par ses censures, par ses excommunications, et produire ainsi un schisme
dans ce diocese !

____

(1). Vid. Hist. Eccl. de Fleury. Edit. de Paris, 1720.
tom. 3. p. 168.

(2). Ibid. tom. 4. p. 301.

(3). Ibid. tom. 5. p. 67.

(4). Ibid. tom. 5. p. 36.

Un schisme, grand Dieu ! à ce nom fatal quelles funestes images viennent effrayer mes sens. Je vois tous les désordres que causerent deux infames concurrents qui se disoient l'un et l'autre successeurs de S. Pierre (*). Je

---

(*) *Note de l'Éditeur.* De ces deux Papes, l'un étoit à Rome, et l'autre à Avignon. Le Pape de Rome s'appelloit Urbain, et celui d'Avignon, Clément. Ils réussirent si bien à échauffer les esprits, chacun dans son parti, qu'ils mirent toute l'Europe en combustion. Dans les deux obédiences on respiroit également le sang et le carnage. Les Urbanistes et les Clémentins se traitoient avec la derniere barbarie. On ne voyoit par-tout que pillages, que meurtres, que brigandages de toute espece. Ces *pieux* scélérats n'épargnoient pas même les Églises ; les Urbanistes renversoient celles des Clémentins, et les Clémentins, celles des Urbanistes. Rien à leurs yeux n'étoit sacré, que leur Pape respectif ; et ces deux Papes étoient, chacun dans son parti, les instigateurs de ces atrocités. Chacun de son côté publioit des Croisades ; Urbain contre Clément, et Clément contre Urbain. Ainsi la religion, qui n'est destinée qu'à sanctifier les hommes et à les unir par le lien de la charité, étoit le moyen dont ces ambitieux concurrents se servoient pour exciter les peuples à s'entre-déchirer les uns les autres.

Et pour fournir aux frais de ces guerres infames, les deux Papes vendoient sans scrupule les biens Ecclésiastiques, les Images des Saints, les Croix, les vases sacrés et autres meubles des Églises. Ils les vendoient pour faire répandre le sang des chrétiens : et aujourd'hui, on nous fait un crime de les vendre, pour sauver une Nation qui tient le premier rang dans l'Église.

vois l'Europe en feu , les Villes saccagées ,
les Provinces ravagées , les Royaumes bai-
gnés de sang, les Ministres du Dieu de paix
les mains teintes de ce sang qu'ils répandent
eux-mêmes. Je vois nos Temples renversés ,
nos Autels profanés , les vases consacrés à
notre divin culte , devenir la solde de ces
armées de brigands et d'assassins. — Je vois la
Croix , ce signe de réconciliation , placée à
côté le poignard , et devenir le signal du carnage. — Grand Dieu ! la religion reçut-elle
jamais, de ses plus grands ennemis , un ou-
trage semblable ?

Eh ! ces scenes impies et sanguinaires , ces
spectacles d'horreur auroient-ils de l'attrait
pour les entrailles *paternelles* de M. de Marbeuf ? Prendroit-il pour un sujet d'applaudis-
sement d'en avoir été la cause ? Se féliciteroit-
il d'avoir changé en fanatiques sanguinaires
le Peuple le plus religieux , le plus doux , le
plus aimable qui soit au monde ? Aimeroit-
il mieux voir périr , par un schisme , le Diocese de Lyon , que de renoncer à l'Episcopat ?
— A ce nouveau trait , mes chers Concitoyens ,
vous reconnoîtriez encore mieux le faux Pasteur , celui qui ne fut jamais votre pere.

Souvenez-vous comment le plus sage des
Rois d'Israël , discerna la véritable mere de

cet enfant , contesté devant son tribunal. Il ne chercha qu'à mettre sa tendresse à l'épreuve. *Qu'on apporte , dit-il, un glaive , qu'on prenne l'enfant et qu'on le coupe en deux.* (C'est l'image du schisme.) *Qu'on le coupe en deux ,* répondit la fausse mere ; mais les entrailles de la véritable se soulevant , s'écrierent : *Non , ne le tuez pas, donnez-le tout entier à l'autre.* A ce cri de la nature et de la maternité , Salomon reconnut la véritable mere ; et la fausse fut démasquée par son indifférence pour la vie de l'enfant.

Voyez donc maintenant , mes chers Concitoyens , dans quel de ces deux rangs vous devez mettre ces prétendus Pasteurs , qui soufflent le schisme au milieu du troupeau. ――Oh ! que leurs sentiments , ainsi que leurs vertus , sont différents de ceux du grand Augustin , et des autres saints Evêques d'Afrique , qui pour faire cesser le schisme des Donatistes , consentoient à céder leurs siéges aux Evêques Schismatiques.

Que M. de Marbeuf est éloigné des dispositions de S. Grégoire de Nazianze. Ce grand Evêque étoit si affligé des divisions qui , à son sujet , s'élevoient parmi les fideles , qu'il avoit coutume de leur dire : *Mes Freres , pour rétablir la paix , le calme parmi vous , jetez-*

moi, s'il le faut dans la mer. Je ne suis pas plus saint que Jonas ; et ma vie n'est pas plus précieuse.

Voilà, mes chers Concitoyens, voilà un vrai Ministre d'un Dieu mourant pour le salut des hommes. Voilà un Evêque ; et ce titre auguste ne convint jamais à celui qui eut des sentiments contraires.

Que M. de Marbeuf, armé de ses interdits, de ses excommunications, songe donc que cet acharnement acheve de prouver qu'il n'est point notre Evêque.

Eh ! qu'il ne s'y trompe pas, ce prétendu Pasteur que son troupeau n'a jamais, ni vu, ni connu, et qui ne vit, qui ne connut jamais son troupeau ; ce Pasteur établi, non pour notre édification, mais pour notre ruine ; ce Pasteur qui ne nous aura jamais fait entendre sa voix, que pour nous *insulter* (*), ou pour nous *maudire*. Qu'il ne s'y trompe pas ce nouveau BALAAM. Qu'il sache que *l'excommunication injuste ne retombe que sur celui qui la lance.* C'est ce que S. Cyprien disoit au Pape Etienne Ier. dans une cause bien moins légitime que la nôtre.

(*) On se souvient encore de son fameux Mandement contre le Tiers-État.

Ne craignons donc rien, mes chers Concitoyens, ne craignons rien que de nos fausses craintes. Les excommunications de M. de Marbeuf ne peuvent mettre personne en danger que lui-même. Ne croyez pas qu'il soit au pouvoir des Evêques, de nous damner à leur gré. Jesus-Christ leur a donné une houlette pour nous conduire, et non pour nous frapper, selon leurs caprices. Les armes spirituelles qu'il a mises entre leurs mains, sont pour nous défendre et non pour nous immoler à leur ressentiment. Rien n'est contre le Peuple fidele, et tout est pour lui, dans la religion ; la puissance des Pasteurs, et les Pasteurs euxmêmes.

Tout est pour vous, disoit S. Paul aux Corinthiens, *tout est pour vous ; Paul, Apollon, Pierre, les choses présentes et les futures, tout est pour vous ; et vous, vous êtes pour J. C.* Et voici à quelle occasion S. Paul tenoit ce langage.

Il commençoit à se former un schisme dans l'Eglise de Corinthe ; et la cause en étoit dans un attachement de préférence, que les fideles avoient, les uns pour un Pasteur, les autres pour un autre —— L'un disoit : *Je suis à Paul* ; l'autre : *Je suis à Apollon.* —— Mais que leur dit S. Paul ? Ecoutez-le :

Vous êtes donc encore charnels ? votre conduite est donc toute humaine ? Qu'est donc Paul ? Qu'est Apollon ? Que sont-ils ? Sinon les Ministres de celui en qui vous avez cru ? Nous ne sommes que les coopérateurs de Dieu : et vous , vous êtes le champ que Dieu cultive , et l'édifice qu'il bâtit. Et personne ne peut poser d'autre fondement que celui que j'ai posé , QUI EST JESUS-CHRIST. — Ce n'est donc pas M. de Marbeuf.

Et en effet , mes chers Concitoyens , l'unique but du ministere ecclésiastique , et de la religion , est de nous conduire à Jesus-Christ. Et peu importe que ce soit Paul ou Apollon qui nous y conduise. L'essentiel est que nous y allions. C'est ce que S. Paul vient de nous dire.

Qu'on ne prétende donc pas nous faire regarder comme nécessaire au salut , de reconnoître M. de Marbeuf pour notre Evêque. Qu'importe à la *foi* , qu'importe aux *mœurs* que nous le reconnoissions ou non ? La foi ou les mœurs pourroient-ils consister en lui ? Seroient-ils tellement liés à son *auguste personne* , que nous ne pussions les conserver sans elle ? Je doute qu'il y ait un être assez égaré par les fureurs de l'aristocratie et du fanatisme , pour soutenir un si bisarre paradoxe.

Or , mes chers Concitoyens , la *foi* et les *mœurs* , voilà toute la religion. Croyez nos dogmes , pratiquez notre morale , et sur-tout le grand commandement de la charité , de l'amour qui doit nous unir les uns avec les autres , et vous serez sauvés , en dépit de M. de Marbeuf. Et lui , sera traité dans l'autre monde (et peut-être dans celui-ci) comme le méritent les tyrans des consciences , les per- turbateurs publics du repos de l'Eglise et de l'Etat (*). — Mais toutes ces raisons , déjà si propres à vous tranquilliser , sur les suites que peuvent avoir les menaces de M. de Mar- beuf , appuyons-les encore , ces raisons , par un fait aussi décisif qu'authentique.

Lors du schisme d'Occident , Urbain, Pape de Rome , et Clément , Pape d'Avignon , lançoient contre leurs partisans réciproques , tous les anathêmes que l'enfer a jamais pu mériter. Les Urbanistes se trouvoient donc chargés des malédictions de Clément , et les Clémentins de toutes celles d'Urbain. Or , *Ste. Cathérine de Sienne* étoit Urbaniste , et *S. Vincent Ferrier* étoit Clémentin. Ils

---

(*) *Note de l'Editeur.* Quiconque a lu les petites Lettres sur le triumvirat Episcopal , saura gré à l'Auteur du Dis- cours de sa modération à l'égard de M. de Marbeuf.

sont pourtant tous les deux au rang des Saints.
Donc les excommunications d'Urbain n'ont
pu fermer le Ciel à S. Vincent Ferrier,
ni celles de Clément à Ste. Cathérine de
Sienne.

Or, les excommunications de M. de Marbeuf ne sauroient être plus efficaces que celles
d'un Pape. *Sa grandeur* en conviendra aisément.

Donc nous pourrons prétendre à être mis
un jour dans le catalogue des Saints., malgré
les excommunications de M. de Marbeuf.